사랑 이야기를 함께 나누고 싶습니다.

곽은희
2015. 6.

사랑 I 의 정석

사랑 I 의 정석

이든시인선 **158**

샘물 **주은희** 제4시집

이든북

시인의 말

사랑은 인간에게 가장 따숩고 아름답고
녹아질 듯 황홀하지요.
사랑은 가장 슬프고 눈물나고 가슴아프고
죽을만큼 애닮기도 하지요.
살아가며
사랑 때문에 웃고
사랑 때문에 울며
가슴 태우지 않은 사람은 없을 것입니다.
사랑하고
사랑받고
사랑 속에서 희비애락을 누리고
누구나 ***사랑***으로 살다 떠납니다.
정답고 뜨겁고 행복하지만
무너질 듯 쓰라린
그 ***사랑***의 정석은 무엇일까요?

또 당신만의 그 **사랑**은 무슨 색, 어떤 모습인지요?
지금 읽으시는 시에
당신 **사랑**의 색으로 칠해보세요.
막 내린 커피 한잔 손에 들고
당신과
차곡차곡
당신만의 **사랑** 이야기를 듣고
또 나누고 싶습니다.

2025년 봄
샘물 주은희 드림

| 차례 |

시인의 말 ·························· 4

제1부

그 자리 ····················· 13
길 ····················· 14
사랑 ····················· 15
사랑 또 ····················· 16
받아쓰기 ····················· 17
그대에게 나는 ····················· 18
갈림길 ····················· 19
지우개 ····················· 20
그 사랑 ····················· 21
눈 맞춤 ····················· 22
먼 그대 ····················· 23
아직 ····················· 24
이름 ····················· 26
몰라 ····················· 27
나의 첫사랑 ····················· 28
하루종일 ····················· 29
강한 찰나 ····················· 30
거짓말 ····················· 31

제2부

그리워	·················	35
님 마중	·················	36
꿈 또 꿈	·················	37
이별	·················	38
고슴도치	·················	39
대천바다	·················	40
안돼	·················	41
풋사랑	·················	42
버림	·················	43
사랑이 떠나면	·················	44
좋겠다	·················	45
사랑초	·················	46
나비 사랑	·················	47
눈	·················	48
아린 사랑	·················	50
그대라면	·················	51
서툰 사랑	·················	52
천국과 지옥	·················	53

제3부

그대인가	………………	57
별	………………	58
안개	………………	59
급발진 화살	………………	60
애가哀歌	………………	61
장미	………………	62
첫사랑	………………	63
러브레터	………………	64
사랑의 길	………………	65
그리움	………………	66
사랑만	………………	67
연리지 사랑	………………	68
해후	………………	69
무심한 봄눈	………………	70
어기여차	………………	71
나무	………………	72
이제는	………………	73

제4부

인향만리 ················· 77
손 ················· 78
봄눈 ················· 79
숨은 사랑노래 ················· 80
눈송이 ················· 81
온 세상 그리움 ················· 82
큰 나무 ················· 83
가슴속 사랑 ················· 84
한없는 사랑 ················· 86
영원한 사랑 ················· 87
떠나간 사랑 ················· 88
사랑은 ················· 89
아픈 그리움 ················· 90
내 마음 ················· 91
기다림 ················· 92
후회 ················· 93

작품해설 김숙자 ················· 94
서정의 반석에서 흘러나온 아름다운 사랑의 변주곡

1부

그 자리

당신 떠난 자리
자주꽃이 피었네
당신이 쏟은 사랑
꽃씨였나봐

당신 떠난 자리
뽀얀 솜털 가득하네
상처 하도 아려와
감추었나봐

당신 떠난 자리
향기로 어지럽네
내게 남긴 사랑은
향기였나봐.

길

아니다 아니다 하면서도
길 아닌 길로
끌려 들어갔다가
나는 길을 잃었다

곧 돌아서서
내 가야 할 길을
다시 찾았다

멈칫
돌아보니
거기
한 송이 꽃이 흔들리네.

사랑

낙엽에 시詩를 써서
너 하나 나 하나
너 둘 나 둘…
나눠 가진 사랑 몇 잎

놓친
그 잎 찾아 헤매이다
길을 잃었네

꿈 깨어 그 사랑
찾다 찾다
몇 잎 그 사랑 마저 잃고
잠까지 잃었네.

사랑 또

릴스를 훑으며
안타까운 영상에 눈물 훔치고
갓난 강아지 꼬물댐에 슬며시 웃고
새로운 명언에 끄덕이면서
커피 한 모금
아!
햇살이 내 어깨에 왔다.
오늘 또 어제처럼
고맙게도 따숩게도 속삭이네

나를 사랑한다며
나를 아낀다며
나를 바라보고
내 사랑처럼
나를 온종일 품고 있다며…

받아쓰기

말하는 대로 받아 따라 썼지

사랑해
　사랑해요
보고싶다
　보고싶어요
비가 와
　비가 오네요
눈이 왔네
　눈이 왔어요
안아주고 싶어
　안아주고 싶어요...

따라 쓰다
또 따라 쓰다가
말하는 대로 받아 쓰다가
정이 들어버렸네.

그대에게 나는

난
구름
그냥 하늘에 떠 지나가는

난
안개
그냥 보이는 듯 녹아지는

난
숨결
그냥 가까운 듯 아득해지는

난
바람
그냥 불어와 스치는 듯 사라지는…

갈림길

온 세상 녹일 듯한
뜨거운 숨결
낮이나 밤이나 사랑한다며
내 품 속 파고드는
그 말
여기 그대로인데

허공에 흩어진 바람 되어
떠나는 갈림길
첫 마음
거스를 수 없는 시간의 강으로
말없이 떠난
그대의 찬 손.

지우개

하얀 종이 되거라
벅벅
문질러 지운다
주고받은 말
마주 본 생각과 웃음
그리고 나눈 사랑

다 지웠으니
깨끗이 지웠으니
하얀 종이 되거라
그러나
어쩌지?
남는 흔적…

그 사랑

뜨거운 가슴을
내게 주었다
아끼고 아꼈던 입술
그리고 터질 듯한 그 사랑을
쏟아 주었다

아기별 같이
순수하고 깨끗한 그 사랑
간직해온 그대로
내게 다
쏟아 주었다.

눈 맞춤

짧은 눈맞춤
그
짧은 시선
송두리째 가버린 마음

다시 돌아오지 못하고
당기고
당겨도
아무리 당겨도…

먼 그대

그토록 애타게 하늘만 바라더니
저 하늘 별이 되었지
별 따다 준다더니
별이 되었지

미치도록 그립다며 사랑한다더니
저 하늘 바람 되었지
바람처럼 살고 싶다더니
바람 되었지.

아직

당신은
당신은
아직
그 자리에
거기
내 사랑이 보이지요?

서성이다
울지 말아요
사랑나무 자라서
고목이 될 때까지
거기
내 사랑도 같이 자라니까요

꽃도 피우지 않고
잎이 자라지 않아도
거기
내 사랑 숨어 있으니까요

아직
숨 쉬고 있으니까요.

이름

애틋한 이름
그 이름
숨겨진 채 남아 있는
석자
가슴에 살아 있네

입술에 담아 본다
가만히 불러 본다
연필로 써 본다
되감아 꺼내 본다
아린 사랑

쉬운 세 글자 다시 써 본다
가슴 깊이 담아 놓은
나랑 같이 늙어가는 그 이름
나처럼 나이 드는
애틋한 이름.

몰라

화사하게 핀 망초꽃
희고 맑게 날보고 웃으면서도
몰라
내 말을 듣지 못하네
내 가슴 뜨거운 사랑
가슴 활짝 열어 보여 말해도
그저 하얗게 웃네

불 같이 타오르다
재가 되고
연기 되어
사라져버린 아픈 내 사랑
이런 사랑이었다고 아무리 말해도
몰라
내 말을 듣지 못해
그저 하얗게 웃기만…

나의 첫사랑

묵은 첫사랑
60년 쌓여 내 곁에 온
아름다운 추억
소설같은 이야기들
아련하고 그립다

그리움은 그리움으로
추억은 추억으로
골방 벽장에 잘 넣어두고

서로의 길을 왔듯이
서로의 길을 가야지
그렇게
첫사랑은
봄눈처럼 녹아 사라졌다.

하루종일

그대가 그리워
눈이 되어 내렸습니다
몸부림치며
하루종일
눈으로 내렸습니다

그대가 보고 싶어
비가 되어 쏟아졌습니다
통곡하며
하루종일
비로 쏟아졌습니다

그대와 같이 있고 싶어
바람 되어 불었습니다
그대 창가 두드리며
하루종일
바람으로 울었습니다.

강한 찰나

훅 들어온 말
그 한 마디
사랑해

강하고도
깊이
오래오래 남는
순간의 기억

강한 찰나
한 폭의 수채화로
내 가슴에 걸려 있다.

거짓말

눈물이 흐르지 않은 건
흘릴 눈물이 다 한 줄…

외롭지 않은 건
홀로서기가 잘 되어가는 줄…

그립지 않은 건
내 마음 줄 이 없는 줄…

사랑하고 싶지 않은 건
다시는 누구도 사랑하지 않을 줄…

그리워

그리울 땐 그리워하자
보고플 땐 보고파하자
생각날 땐 생각하자
멀리멀리
이렇게 떨어져있지만
다가갈 수 없지만
그리워하자
보고파하자
생각도 하자
지우면 돼 얼른
그리움도 보고픔도 생각도
다시
그리울 땐 그리워하자
지우면 돼 얼른.

님 마중

기다리다 기다리다
봄비에
버선발로 잎보다 먼저 달려나왔네
님이신가
님 발자국 소리
사그락사그락
까만 밤 아무도 모르지

어제까지 앙 다문 입술
귀만 열어놓은 목련
봄비에
서둘러 하얗게 내민 마음
와닿는 따스한 손길
님이시네
님이시네.

꿈 또 꿈

달려온 바람
아무리 옷깃을 여미고 여미어도
또 달려오고 달려온 바람
기어이
옷을 벗겨
뜨거운 불화살을 쏘고
또 쏘아
쓰러뜨렸다
꿈

활활 뜨겁게 뜨겁게
번지고 번져
온 세상이 까맣게 타버렸다
재만 남긴 채
그렇게 꺼진
짧은
꿈.

이별

목이 메어
말이 나오지 않아
안녕이란 말에
입술만 웃었지

웃으며 헤어지고픈 작은 자존심
이제 줄을 놓고
하나 하나
구슬을 뽑아
저 꽃밭에 던지자

행여
피는 꽃 따라
사랑도 훗날 다시 필지도 몰라
던지고
또 던지고…

고슴도치

너무 가까우면
나도 모르게
고슴도치가 되어
서로를 찌를지 몰라

그래서
우리는
멀리
고슴도치 사랑을 하지.

대천바다

먼 옛날 추억 들고 와
처얼썩 모래틈에 쓰고는
누가 볼까 쓰윽
얼른 지운다

쏟아지는 별들의 비밀
둘러메고 와서 뿌려놓고는
누가 알까 쓰윽
또 지운다

대천바다 너랑나랑 이야기들
오늘 와서 주욱 펴 놓고는
누가 읽어볼까 쓰윽
덮어 지운다.

안돼

사랑은
안돼
감추고 또 감추어도

막고 또 막아도
안돼
풍겨나는 향기

아무리 누르고 숨기려해도
안돼
저절로 솟아나 참을 수 없어.

풋사랑

오!
풋사랑을 만나
입맛을 잃었다
잠을 잃었다
평정을 잃었다

아!
풋사랑을 보내고
입맛이 돌아왔다
잠이 잘 온다
평정을 찾았다.

버림

나는 오늘 버릴 게 있다
저린 가슴
바로 그대

그대도 오늘 버릴 게 있다
아린 가슴
바로 나

오늘로
버린다.

사랑이 떠나면

슬픈 노래, 비가悲歌라는
슬픈 시詩라는
라흐마니노프의 엘레지를 들으며
비탄의 강에 빠져보자

지상에서 가장 슬프다는
비탈리 샤콘느
사라장의 손 끝에서
애도를 받아 울자

차이콥스키 현악4중주
안단테 칸타빌레
러시아의 애수 담아
톨스토이처럼 눈물을 흘리자

오늘은
울자.

좋겠다

오늘 밤
그립지 않았으면 좋겠다

오늘 밤
생각나지 않았으면 좋겠다

오늘 밤
떠오르지 않았으면 좋겠다.

사랑초

밤이면
온 몸 접고 접어
가장 작게 세모로 접고
밤새도록 사랑 빚으며
빛을 기다려

여명에 눈 뜨면
가장 먼저
가장 크게 온 몸 벌려
진한 보랏빛으로 말해요

온종일
해 질 때까지 말해요
사랑합니다
사랑합니다.

나비 사랑

첫사랑
하얀 나비로
꽃눈
꽃비로

사방으로 날리며
나풀거리며 오다
하늘하늘 저쪽으로 날아가더니
다시 뒤돌아 내게로 온다

유혹하듯
부드러운 손바람 되어
내 목을 떨며 껴안아
열 여섯으로 설렌다.

눈

저 하늘에선 하얀 눈
내게로 오면
비가 되는 건
그대 눈물인거죠?
하얗게 그냥 오지
왜 울어요?

우리의 빨간 키스
빨간 물이
하얀 눈에 뚝뚝 덩이로 붉어
그것이 추억이라면
울어보아요
그게 슬픔이라면
울어도 됩니다.
아니
그리움이라면
진정 그게 그리움이라면
눈물 흘리지 말아요

지워질지 몰라

더 새빨갛게
그냥 그리워해요
우리
눈처럼 얼어
그리워해요.

아린 사랑

늙은 피아니스트의
쇼팽 녹턴 20번
음률에 덮인 세월
손가락 사이사이로
내 지나간 사랑도 흐르네
아름답지만
아프고
뜨겁지만
애닲은
저리고
아린 사랑.

그대라면

언제라도
어떤 모습일지라도
그대라면
오세요

눈을 뜨고
다시 감는 순간까지
내 안에 온통 그대 뿐
오직 그대 향한 사랑만 가득한데

오늘
그대라면
지금 힘들고 지쳤다면
얼른 오세요
내게로.

서툰 사랑

피아노 건반 앞에
나도 다시 앉고 싶다
애조 가득한 연주
가슴 저리는
쇼팽 봄의 왈츠

새벽녘
이제 막 눈 뜬 부드러운 햇살처럼
따순 곡선으로 흐르며
내 가슴 적시네

풋내나는 기억
아린 추억
앞 다투어 밀려오네
풋풋하다 못해
사뭇 서툰 사랑이
저기…

천국과 지옥

웃으며 다가오는 당신
온 세상
나는 꽃밭입니다

사랑해 사랑해
하는 당신
여긴 천국입니다

우울하고
어두운 그대 모습
온 천지 비가 내립니다

말도 소식도 없이
산 같은 오랜 침묵
어둡고 긴 지옥입니다.

3부

그대인가

기웃기웃
내 넓은 창
안 보는 척하면서 다 보는 눈
빨리 내리지 못하고
자세히 들여다 보네
그대인가

바람따라 다시 일어
한 바퀴 돌아
아예 더 가까이 창틀에 앉아
머뭇머뭇 바라보네
그대인가

휘휘 서둘러 같이 오지 못하고
저리 주저주저하는 건
마음 약한 그대인가
저리 굵고 탐스런데도
무심한 햇빛에 스러져 울어버리네
그대인가.

별

아무도 몰라
따스한 햇살 아래 사는 이는
고통의 어둠과
쓰린 외로움
뜨거운 눈물과
가슴 터질 듯한 사랑의 아픔을...

캄캄한
아무도 없는 빈 하늘
반짝이는 별 하나
나를 향해 달려오네
가까이 오는 듯
다시 멀어지다
갑자기 달려와
나를 안고 키스하는 별 하나
그대
별이 되어 내게 왔네
별.

안개

잠시 스친
옷깃
인연이든 필연이든
혹
우연이든

비는 비로 오고
파도는 파도로 밀리고
접어둔 시간 속으로
모두
안개로 왔다 바람으로 날아간
사라진
흔적 없는 사랑.

급발진 화살

이미 달려와버렸다
생각하고
판단할 겨를도 없이
훅
내게 달려와버렸다

가슴에 날아와
화살이 깊이 박혀버렸다
무섭게도 빠르게
멈춤 없이 날아온
급발진 화살.

애가哀歌

고독 속에서 애통하는
나의 애가
첩첩
쌓여진 탑
홀로 부르는 이별의 노래
비탄의 활로
쓰라린 악보를 연주한다
보이지 않는 허상
잡히지 않는 바람
이미
돌아오지 못 할 강을 건너
저 만치서 홀로 부르는
나의 애가哀歌.

장미

달려오는 그대
붉은 장미 한 송이 들고
부끄러운 미소 가득
얼굴은 더 붉어
나에게
나풀대는 나비로
날개짓 한껏…

장미
휙
내게로
불 붙어
미치도록 활활
붉게 타네
꿈.

첫사랑

푸르를 땐 보이지 않던 남천
이리도
이다지도 붉으냐
첫사랑을 만난 게냐 이 가을에?
가슴 깊이 숨겼던 연정
이제야
지금사
붉게 타오른 거냐?

짧은 가을
낙엽 되어 떨어지지 마라
네 사랑이 안아 품은 채
하얀 눈 소복이 쌓이면
네 붉은 잎 더 붉으리
사랑하다 꽁꽁 얼면
네 붉은 잎
더 붉으리.

러브레터

내 가슴 속 이야기
실타래로 풀어
곱게 써 부친
러브레터

숱한 밤
써도 써도
또 쓸 말이 남아
보내고 돌아와 또 쓰는
러브레터

끝 모르는
끝이 없는
내 속 온통 붉은 사랑 가득
건드리면 또 할 말
눈감으면 또 쓸 말
러브레터.

사랑의 길

사랑은
다가올 땐
한없이 뜨겁고 황홀하지
전율이 일어 짜릿하지
날마다 분초마다 아련해
아름다운 온 세상이 다 내 것
솜구름에 파묻혀 달콤하고 따숩지

그러나
그 사랑은
왔던 길로 돌아간단다
추억 손에 쥔
나 하나만 남겨놓고…

그리움

언젠가 멈추어 줄 눈물이겠지
가슴 깊은 곳에서
남몰래 흐르는

응얼 다 녹아
바람 되어 날아가면
비가 되어 쏟아지고 말면
눈이 되어 다 녹아버리면
그렇게
해가 가고 또 가면
그때쯤
시린 가슴 따뜻해져
잊게 될까?

사랑만

달이 하도 둥글어
두레박 내려보았지
살살 퍼올려 건져보니
그리움만 한가득

별들 하도 쏟아져
그물 던져보았지
조심조심 살며시 끌어보니
흘러간 사랑만 한가득.

연리지 사랑

하나의 나무
두 갈래로 자라다
훗날
다시 합쳐
하나의 나무로 크는
연리지 나무

자라고
자라다가
다시 만난 연리지 사랑
우린 언제 다시 만나
연리지 사랑
나눌 수 있을까.

해후

숨겨놓고 참는 것
속에 품고 견디는 것
길고도 긴 침묵으로
그렇게 겨울을 이긴 당신

깊은 사랑 묻어 놓은 채
험하디 험한 인생 길
얼마나 기다리며 애태웠나요?

손잡아 녹여주고
입술로 전하는
터질 듯 뜨거운 포옹
얼마나 보고파 애태웠나요?

무심한 봄눈

갓 벙긋거리는 매화에만
내리는 줄 알았더니
내 사랑에 소복하네
쿵쾅거리는 설렘 위 쌓인 겨울은
어쩐 일일까
닿지 않을 머언 자리 내 사랑
뻗어도 뻗어도
아득한데

그날
불타버린 인연
이토록 가슴 가득한 당신을
어찌 곧 녹을 봄눈으로 덮으랴
어떻게 저 꽃잎처럼
떨어져 구르게 하랴
무심히 쌓여가는 봄눈
무참히 녹아드는 봄눈.

어기여차

쇼팽의 비창을 방에 깔고
그 위에 누워
눈을 감으면
무념 무상
음률의 강 노저어간다
어느새
촉촉하게 젖고
또 젖어
일어나
꾹 짜면
애절함이
뚝뚝
내 딛는 발자국까지
젖어 드네.

나무

모닥불도 화롯불도
그렇다고
촛불도 아니었다
아예
불씨도 없었다
예측 못한 천둥
먹구름 속 번개에
젖고 젖은 나무…

어떻게 불이 붙었는지
어쩌다 다 태워버렸는지
몰라
나무도 몰라
젖은 나무는
몰라.

이제는

가려다 다시 오고
가다 말고 또 와 본다
몇 걸음 가서 뒤돌아보니
텅 빈 길
그래
돌아보지 말자
다시 오지 말자
이제는

때늦은 봄눈으로
고운 봄꽃으로
떠가는 구름으로
휘휘
마지막 인사를 하자
아름다운 것으로
가장 슬프게 인사를 하자.

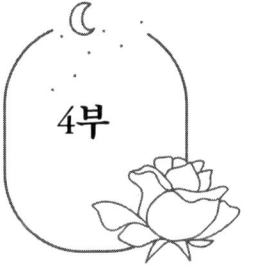

인향만리

인향만리
그 사람이 그립다

가만히 서 있어도
정답고 따쉈던 님

생각만 하여도
세상을 녹이던 그대

인향만리
그 사랑이 그립다.

손

그대 손만 잡아도
정다웠네
오래오래 쌓였던 속 이야기
정다웠네

그대 손만 잡아도
뜨거웠네
묵은 그리움으로 포갠 손
뜨거웠네

그대 손만 잡아도
황홀했네
손과 손이 나누는 깊은 사랑
황홀했네.

봄눈

떠나는 겨울
돌아보며 돌아보며
송이눈 쏟네

못다한 사랑 두고 떠날 수 없어
녹아져 눈물 될 줄 뻔히 알면서
남들이 봄눈이라 해도 좋다며

돌아보고
또 돌아보며
쏟아내는 설움

아직 할 말이 남아
아직 주어야 할 사랑이 남아
발걸음 떼지 못하는
떠나지 못하는 겨울.

숨은 사랑노래

너무 그리워서
너무 사랑해서
너무 보고파서

그리움은 시詩가 되고
슬픔은 애가哀歌가 되었지

숨어숨어
사랑은
시詩로
애가哀歌로
흐르네.

눈송이

그대 사랑
부서진 눈송이
하늘 보는 내 얼굴에
차갑게 닿아 녹네
그 모습 그대로는 올 수 없어
하얗게 부서져 온다며
내 얼굴에 녹아드네

그대 사랑
눈송이로
날 어루만지네
깊은 밤 남 몰래
차갑게 얼어야 온다며
뜨거운 거친 숨 감추고 녹아드네
어루만져 녹아드네.

온 세상 그리움

그대 생각나면
나는 또 가슴 설레요
터질 듯 가득한 그대 사랑이
파도처럼 출렁거려 어지러워요

그대 그리우면
나는 또 풍선이 되어요
부푸는 마음 둥둥 떠올라
그대 향해 나보다 먼저 날아가요

그대 떠오르면
나는 또 저절로 웃음나요
참으려 해도 감추려 해도
사랑 향기가 나도 몰래 퍼져나가요.

큰 나무

추억의 뒤란에 서 있던
나무

이젠
안방에 자리 잡아
뿌리까지 내리며
크는 나무

내 목을 끼고
나를 끌어안을 판.

가슴속 사랑

봄 여름 가을 겨울
또
봄 여름 가을 겨울
커다란 대문
궁궐 속 단발머리 소녀
밥상머리 같이 밥을 먹어도
내 눈은 관심 없던 그 소녀

넓은 대청마루 사이 하도 멀어
혹시나 소녀 숨소리에 귀 기울이며
2년 내내 머뭇머뭇 어린 하숙생
달려가 두드리고픈 내 마음
한밤중까지 사랑채만 콩닥콩닥

수줍은 산골소년
등굣길 같이 갈까 기다리던 삼거리
집에서부터 함께 갈 용기는 없어
망설이다 망설이다

육십년 세월
내 가슴속 첫사랑.

한없는 사랑

그대
내 무릎에 누이고
감은 눈 입술 그리고 온 얼굴
쓰다듬으며
고운 노래 불러 들려주고파

그대
슬퍼 마음 아프면
내 가슴에 잠들 때까지 품고
등 두드리며
같이 눈물 흘려주고파

그대
홀로 외로우면
작은 내 품에 꼬옥 껴안고
머리카락 쓸어주며
한없는 키스 해주고파.

영원한 사랑

언제 어디서나
나를 철저하게 믿어주는 사람
바로 그대

오직 나를 위해 사는 사람처럼
모든 생각을 내게만 집중하는 사람
바로 당신

떠나면서도 떠나지 못하고
항상 같이 있는 사람
바로 자기

다시 함께 살 날을
지금도 기다려주는 사람
바로 영원한 사랑.

떠나간 사랑

보름달도 우는가
허연 달무리
하늘강에 빠져
뚝뚝뚝

밤새들도 다 잠들고
사랑초도 모두 잎 접었는데
부서진 옥토끼
찧을 수 없는 절구방아

구름 달려와 달래주어도
어린 별들 빛 모아 덮어주어도
노 저어 닿을 수 없는
긴 이별의 강.

사랑은

사랑은

뜨겁게 달려와

붉게

그 자리

그대로

거기 머물러 있다

오직

사랑하는 사람만 떠났을 뿐.

아픈 그리움

문득
사무치게 그리워
부르르
떨었다
발 밑에 밟힌 추억도
외투도 없이 떨고 있었다
텅 빈 여기서
우두커니
나처럼…

내 마음

그렇게 꽁꽁 매 두었건만
나도 모르게
옷깃까지 풀어 헤친 채

보이지도 않게
아득히
머얼리
사랑을 향해

내 허락도 없이
달려가 버렸다.

기다림

꿈꾸듯 기다리는
오지 않을 그 사람
가로등 밑으로 싸락싸락
소리 없이 눈만 쌓이네

온 밤을 지새워
새벽별 내리는데
끝없는 기다림 속 그대
한밤중 꿈으로 달려오네

하늘 둥둥 뜬 구름처럼
안개 속 날 듯
아련한 세상엔 오직 하나
그대 날 잡고 놓지 않네.

후회

후회 없으려면
지금 이 순간
최선을 다 하는 것이다

뜨겁게
온 마음
남김 없이
다 주어
사랑하는 것이다

흔적 없이
사라졌지만
사랑했다
후회 없이
재만 남았지만
후회 없다.

작품평설

서정의 반석에서 흘러나온 아름다운 사랑의 변주곡
- 주은희 시인의 네 번째 시집 『사랑 I 의 정석』

김 숙 자 교육학박사/문학평론가

1. 시인의 삶과 문학적 여정

주은희 시인은 시인이기 이전에 탁월한 교육자로서의 입지가 더욱 두터운 분이다. 필자와는 같은 교육자이자 오랜 이웃으로, 생활의 둥지까지 가까운 친근한 선후배이자 동료였다. 무엇보다 우리 둘은 부여라는 고향을 공유함으로써 더 깊은 유대감을 형성했고, 타고난 교육관의 일치가 그 관계를 더욱 돈독히 해주었다.

세종시가 되기 이전, 연기군 시절부터 서로 다른 학교에 몸담고 있었지만 교육에 대한 열정과 신념을 함께하며 서로를 응원했다. 주은희 시인은 충남 부여에서 태어나 초등

학교 교사로 입문한 이래, 투철한 교육관과 사명감으로 2세 교육에 헌신해왔다. 특히 여성 리더로서 교감의 벽을 넘고, 조치원신봉초등학교 교장으로 정년퇴임한 그의 여정은 당시로선 쉽지 않은 길이었다.

문학 활동은 1998년 『문학21』 신인문학상 수상으로 시작되었지만, 교직과 교회 사모로서의 역할이 막중했던 탓에 본격적인 창작은 교직 은퇴 이후로 미뤄졌다. 그러나 은사 조남익 시인의 권유로 첫 시집 『남촌서 부는 바람』을 출간하며 문단의 주목을 받기 시작했고, 이후 제2시집 『오늘 새길』을 통해 깊은 영성과 울림 있는 시 세계를 본격적으로 펼쳐 나갔다.

주 시인의 시는 타고난 문학적 감수성과 신앙에 기반한 영혼의 노래로, 독자에게 깊은 감동을 안겨준다. 교육자 시절부터 이어온 문학, 음악, 미술, 무용 등 예술 전반에 대한 감각은 그의 시에 깊이 있는 예술성을 더했다. 문학은 이제 그의 삶에서 떼어낼 수 없는 존재가 되었고, 그 열정은 마침내 2024년 제3시집 『내 보물 찾기』로 이어졌다.

이 시집은 이름 없는 들꽃과 자연에 대한 따뜻한 시선, 깊은 신앙 고백, 가족과 손주들에 대한 애정, 인생의 고뇌와 이별의 순간까지 다섯 부로 구성되어 있다. 특히 「마가」, 「아말렉」, 「85세 갈렙」, 「임마누엘」 등의 시편은 그의 기독교 신앙이 낳은 시적 고백이자, 한평생 겸손과 섬김으로 살

아온 생애의 정수를 보여준다.

그 결과 주은희 시인은 2024년 대전문인협회로부터 '오늘의 작가상'을 수상하며 그동안의 문학적 성취를 인정받았다. 이는 대기만성형 시인의 모범적인 성취라 할 만하며, 끊임없는 노력과 정진을 이어가고 있는 그의 제4시집 『사랑 I의 정석』에 수록될 작품을 중심으로, 주은희 시인의 문학세계를 들여다보고자 한다.

2. 서정적 동일성에 이르는 낭만주의 접근법

서정시는 '대상에 대한 주관적 느낌을 표현한 것'으로 흔히 정의된다. 이러한 소박하고 일반화된 정의 속에는, 알게 모르게 근대 서구 낭만주의의 미학 사상이 스며들어 있다. 대상에 대한 주관적 느낌을 표현한다는 사고방식은, 사실상 18세기 무렵 형성된 개념에 지나지 않는다. 이처럼 주체가 대상을 압도하는 표현론적 관점은, 낭만주의 미학을 완성한 헤겔의 시론에서도 잘 드러난다.

서정시의 본질은 주관적이고 내면적인 세계의 표현이다. 관조하고 감동하는 마음은 외부로 드러나는 행위로 전개되기보다는, 내면에 머무른다. 따라서 주체의 자기표현이 서정시에서 유일한 형식이자 궁극적인 목표가 된다.

이러한 시에서는 실체적인 총체가 외부 사건으로 펼쳐지

지 않는다. 오히려 자기 안으로 향하는 각 개인의 관점, 직관, 감정, 성찰이 가장 실체적이고 물질적인 것들을 포함한 채로, 주체의 열정이나 기분, 반성에서 비롯된 결과로 전달된다.

여기서 '동일성'이라는 개념이 주체 중심주의적 사고와 연결되기 시작한 것은, 근대 철학의 동일성 사상 때문이라는 견해가 있다. 다시 말해, 낭만주의에 깊은 영향을 끼친 관념론 철학자 셸링의 동일 철학이 그러한 자아 중심주의의 출발점이라는 것이다. 셸링의 동일 철학은 주관과 객관의 통합을 지향하며, 그의 자연철학에서는 객관적인 힘의 절대적 통합이, 선험적 관념론에서는 주관의 통합이 전제된다.

주은희 시인의 시에서도, 시적 통합 과정에서 주체 중심주의적 시각이 드러난다. 그 결과, 자연과 자아의 동일성은 이성의 절대적 확장을 전제로 하는 형이상학적 구조 속에서 형성된다. 그렇다면 주은희 시인 시 중에서 「아직」이라는 시 한편을 마주해보자.

　당신은
　당신은
　아직
　그 자리에
　거기

내 사랑이 보이지요?

서성이다
울지 말아요
사랑 나무 자라서
고목이 될 때까지
거기
내 사랑도 같이 자라니까요

꽃도 피우지 않고
잎이 자라지 않아도
거기
내 사랑 숨어있으니까요
아직
숨 쉬고 있으니까요.

—「아직」 전문

  시인은 아직 현실을 직시하고 싶지 않다. 꿈에서도 깨어나고 싶지 않은 것이다. 사랑하던 사람이 곁에 없지만, 그가 완전히 떠났다고 받아들이기보다는, 여전히 그 자리에 함께 있다는 믿음에 머물러 있다.

  시의 "서성이다 울지 말아요 / 사랑 나무 자라서 고목이 될 때까지 / 거기 / 내 사랑도 같이 자라니까요"라는 구절에서, 시인은 사랑 나무가 여전히 자라고 있으며 그와 함께 사랑도 자란다고 믿고 있다. 이는 서정적 자아에게 우주의 진리가 순간적으로 현시되는 장면으로 볼 수 있다. 이처럼 신비로운 체험은 매우 주관적이지만, 동시에 자아에게는 깊이 각인된 사실이기도 하다.

사랑 나무는 아직 자람을 멈추지 않았다. 서정적 자아는 이 나무가 고목이 될 때까지, 오랜 세월 동안 내 사랑도 함께 자라리라는 기대와 상상에 빠져 있다. 더 나아가 "꽃도 피우지 않고 / 잎이 자라지 않아도 / 거기 / 내 사랑 숨어 있으니까요"라는 구절에서는 더 이상 생명력을 드러내지 않는 나무조차도 내 사랑을 품고 있다고 믿는다. 꽃도 피우지 않고, 잎도 자라지 않지만, 그 안에 내 사랑이 숨어 있다는 이 믿음은 얼마나 깊은 사랑이었는지를 짐작하게 한다.

이처럼 이 시에서는 매우 주관화된 서정화 방식이 드러난다. 서정적 주체가 중심이 되어, 외부 세계와 일방적인 동일성을 이루려는 것이다. 결국 이 같은 주체 중심적 서정화는, 시적 자아가 외부 대상을 타자화하고, 소외시키며, 나아가 지배하는 구조로 발전할 수도 있다.

그럼에도 불구하고, 이 시에서 시인은 현실 속에서 자신의 내면만이라도 순수한 사랑을 지켜내려는 모습을 보여준다. 그 모습은 그 자체로도 사랑의 가치를 웅변하는 것이라 할 수 있다.

다음 시 한 편 더 만나보자.

화사하게 핀 망초꽃

희고 맑게 날 보고 웃으면서도
몰라
내 말을 듣지 못하네
내 가슴 뜨거운 사랑
가슴 활짝 열어 보여 말해도
그저 하얗게 웃네

불같이 타오르다
재가 되고
연기되어
사라져버린 아픈 내 사랑
이런 사랑이었다고 아무리 말해도
몰라
내 말을 듣지 못해
그저 하얗게 웃기만…

―「몰라」 전문

  이 시에서는 시적 자아의 정서와 대상(망초꽃)의 분위기가 분리되지 않고 자연스럽게 하나로 융합되어 있다. 자아의 고적한 감정은 대상인 망초꽃의 이미지와 조화를 이루며, 결국 대상 또한 고요하고 슬픈 정서를 공유하게 된다. 이러한 상태를 흔히 '감흥'이라 부른다. 감흥이란 나(我)의 정(情)과 사물(物)의 경(景)이 하나로 어우러지는 순간의 황홀한 합일을 의미한다. 이는 시학, 특히 '정경론(情景論)'에서 중요한 개념으로, 성리학의 사물 인식 방식인 '격물치지(格物致知)'와도 일맥상통한다. 감흥은 '거경(居景)' —즉, 경치 속에 머무름—의 상태에서 발생한다. 자아의 감정과 대상의 정서가 교류하며 하나가 되는 순간, 시는 가장 진실된 울림을 만들어낸다.

"화사하게 핀 망초꽃 / 희고 맑게 날 보고 웃으면서도 / 몰라 / 내 말을 듣지 못하네 / 내 가슴 뜨거운 사랑 / 가슴 활짝 열어 보여 말해도 / 그저 하얗게 웃네"라는 구절에서, 망초꽃은 사랑하는 '님'의 상징이다. 물론 식물이 말을 하거나 사랑을 이해할 수는 없다. 그러나 시인은 망초꽃을 통해 잃어버린 사랑의 대상을 투사하고 있다. 망초꽃은 희고 맑게 웃고 있지만, 시인의 뜨거운 고백을 알아듣지 못한다. 대답 없는 그 웃음은 더욱 깊은 외로움과 상실감을 자아낸다.

시인은 말이 통하지 않는 망초꽃을 향해 가슴을 열고 사랑을 고백하지만, 되돌아오는 건 이해나 공감이 아닌 무기력한 웃음뿐이다. 이 웃음은 그저 아름다운 외양일 뿐, 사랑의 본질을 이해하지 못하는 냉정함을 상징한다. 결국 이 무응답은 시인을 더욱 아프게 한다.

"불같이 타오르다 / 재가 되고 / 연기되어 / 사라져버린 아픈 내 사랑 / 이런 사랑이었다고 아무리 말해도 / 몰라 / 내 말을 듣지 못해 / 그저 하얗게 웃기만…"이라는 후반부에서는, 한때 불꽃같이 뜨거웠던 사랑이 재와 연기로 흩어져버린 현실을 직면한다. 아무리 말해도, 아무리 설명해도, 그 사랑은 더 이상 응답하지 않는다. 남은 건 '몰라'라는 차가운 메아리뿐이다.

이처럼 시인은 식물이라는 무생물조차도 사랑의 상실감을 반영할 수 있는 대상으로 바라본다. 아직 사랑하는 이를 마음속에서 떠나보내지 못하고 있는 시인의 내면은, 현실을 외면한 채 여전히 그 감정 속에 머물러 있다. 아니, 정확히 말하면 그는 떠나보내기를 거부하고 있다. 그렇게라도 사랑을 붙잡고 싶기 때문이다.

사랑의 실체는 사라졌지만, 기억과 감정은 여전히 살아숨 쉬고 있다. 그래서 시인은 여전히 그 사랑 앞에서 애달파하고, 고통스러워하며, 언젠가는 그 사랑이 열매를 맺으리라는 소망을 버리지 않는다. 그러나 그 '사랑의 정석'이란 결국 독자 각자가 자신만의 방식으로 풀어야 할 문제로 남는다. 시는 그 해답을 제시하지 않지만, 그 애틋하고도 처연한 감정의 궤적은 오랫동안 여운을 남긴다.

3. 사랑을 온몸으로 부른 언어

주은희 시인은 온몸으로 사랑을 노래한다. 단아한 체구에서 뿜어져 나오는 열정과 카리스마는 이미 오래전부터 그의 시적 역량을 드러내기에 충분했다. 시인이 지닌 시원한 통찰력과 단호한 결단력은 누구와 견주어도 뒤지지 않으며, 다감하고 정제된 언어 감각은 아마도 부모로부터 물려받은 귀한 유산일 것이다.

더불어 그는 교육자로서 사십여 년간 헌신과 노력을 통해 교육적 신념을 다져왔다. 그에게서 우러나오는 사랑과 봉사의 정신은 깊은 신앙생활에서 비롯된 내면의 영성에서 비롯된 것으로 보인다. 단순히 직업으로서의 교사가 아닌, 진정한 교육자로서의 자세와 삶의 태도는 단정한 아름다움을 지닌 '달항아리'에 비견할 만하다.

그의 예술적 감수성은 타고난 것이기도 하지만, 유복한 교육환경 속에서 성장하며, 학창 시절부터 다양한 문학·예술 경연대회에 참가한 경험이 그의 시적 자질을 일찍이 꽃피우게 했다. 초등교육을 전공한 그는 유난히도 아이들을 사랑하며, 산교육의 실천자로 자신의 모든 것을 아이들 교육에 쏟아부었다.

비록 함께 근무한 경험은 없지만, 필자는 인근 학교에서 오랜 시간 그를 지켜보며 그의 교육적 열정과 영향력을 실감해 왔다. 학부모와 동료 교사들 사이에서도 그는 신뢰받는 존재였으며, 자연스레 풍겨 나오는 지성과 감성은 이미 시인의 앞날을 예감하게 했다.

그는 현직 교사 시절, 일기쓰기, 편지쓰기, 논술지도 등에서 두각을 나타내며 교육계에서 다수의 상을 휩쓸었고, 그의 지도 아래 아이들은 글쓰기뿐 아니라 무용과 음악에서도 탁월한 성과를 냈다. 현재에도 대형 교회 성가대를 이끄는 그의 음악적 리더십은 여전히 유효하다.

그의 연약해 보이는 몸에서 우러나오는 사랑은 진실되고 따뜻하며, 누구도 쉽게 흉내 낼 수 없는 깊이를 지닌다. 이런 배경 위에 탄생한 그의 네 번째 시집 『사랑 I의 정석』은 교육도, 신앙도 잠시 내려놓고, 사람이라면 누구나 겪는 가장 인간적인 사랑의 정수를 탐구한다.

이 시집에 실린 시편들은 어떤 순간엔 함께 울고 싶게 만들고, 어떤 시에서는 함께 아파하고 싶게 만든다. 그만큼 시인의 사랑은 단순한 감정의 표출을 넘어 온몸으로 체화된 체험의 언어이다. 시인은 이 시집을 두고 부끄럽고 망설여진다고 말했지만, 그 순수하고 독창적인 사랑의 목소리에 반기를 들 수 있는 이는 없을 것이다.

사랑은 누구에게나 지극히 개인적이고 주관적인 경험이다. 주은희 시인은 바로 그 점을 누구보다 잘 알고 있으며, 그 사랑의 기록을 진실하게 풀어낸다. 그렇기에 우리는 그의 시를 읽으며 마치 귓속말처럼 속삭이는 시인의 사랑 이야기를 듣는 듯한 느낌을 받는다. 어쩌면 이 밤이 새도록 조용히, 오래도록 시인의 사랑 이야기를 함께 나누고 싶어진다.

기웃기웃
내 넓은 방
안 보는 척하면서 다 보는 눈
빨리 내리지 못하고
자세히 들여다보네
그대인가

바람 따라 다시 일어
한 바퀴 돌아
아예 더 가까이 창틀에 앉아
머뭇머뭇 바라보네
그대인가

휘휘 서둘러 같이 오지 못하고
저리 주저주저 하는 건
마음 약한 그대인가
저리 굵고 탐스러운데도
무심한 햇빛에 스러져 울어버리네
그대인가

―「그대인가」 전문

  주은희 시인의 시 「그대인가」는 떠나간 님을 향한 간절한 그리움과 마음속에 깊이 각인된 사랑의 형상을, 조용한 창가의 시선으로 담아낸 작품이다. 시는 처음부터 끝까지 '그대'의 실체를 직접 드러내지 않고, 은근한 시선과 감각으로 조심스럽게 '그대일지도 모른다'는 추측과 희망을 반복하며 독자를 애틋한 기다림의 공간으로 이끈다.

"기웃기웃 내 넓은 창 / 안 보는 척하면서 다 보는 눈 / 빨리 내리지 못하고 / 자세히 들여다보네 / 그대인가"

시의 첫 연에서 시인은 창가를 기웃거리는 존재를 '그대'로 추측하며 혼잣말처럼 말을 건넨다. 마치 누구인지 뻔히 알 것 같으면서도, 확인하지 못해 더욱 가슴이 조여오는 그 순간. 이 절제된 감정의 서술은 '그대인가'라는 의문형으로 마무리되며, 확신을 갖지 못한 채 사랑하는 이를 그리워하는 시인의 내면을 고스란히 보여준다. '보는 듯 안 보는 듯', '다가오는 듯 머뭇거리는' 이중적인 태도는 님의 부재가 아닌, '존재의 기척'을 다룬다는 점에서 매우 인상 깊다.

이어지는 연에서는 그 존재가 바람을 따라 창가에 더 가까이 다가온다. "한 바퀴 돌아 / 아예 더 가까이 창틀에 앉아 / 머뭇머뭇 바라보네 / 그대인가" 여기서 '바람'은 보이지 않는 그리움의 매개자이며, '한 바퀴 돌아 창틀에 앉는' 동작은 단순한 시각적 묘사를 넘어, 사랑하는 이가 내 곁을 맴돌고 있다는 환영과 감각의 표현으로 읽힌다. 그러나 시인은 여전히 그 존재를 확인하지 못한 채 "그대인가"라고 되묻는다. 이는 사랑하는 사람의 부재 속에서도 그가 여전히 곁에 있다는 상상 속 확신과, 동시에 그 확신을 직접 증명하고 싶지 않은 모순된 마음을 나타낸다.

마지막 연은 더욱 절절하다. 함께 오지 못하고, 망설이며

멀찍이 머무는 존재는, 평소 마음 약했던 '그대'의 모습과 닮아 있다.

"휘휘 서둘러 같이 오지 못하고 / 저리 주저주저 하는 건 / 마음 약한 그대인가 / 저리 굵고 탐스러운데도 / 무심한 햇빛에 스러져 울어버리네 / 그대인가"

이 구절에서 자연 이미지인 '햇빛'과 '스러짐'은 시간의 흐름과 무심한 현실을 상징한다. 비록 사랑은 여전히 가슴 속에 남아 있지만, 현실은 그 사랑을 점점 잊히게 만들고, 결국은 눈물 속으로 사라지게 만든다. 그러나 그 모든 소멸의 과정조차도 '그대'일 수 있다는 시인의 추측은, 애틋함을 넘어 숙명적인 사랑의 형태로 확장된다.

이처럼 「그대인가」는 끝내 실체를 드러내지 않는 '그대'를 중심으로 진행된다. 시인은 그 존재가 누구인지 밝히고 싶지 않다. 그 실존을 확인하는 순간, 마음속에 아름답게 그려져 있던 사랑의 영상이 허물어질 수도 있기 때문이다. 그리하여 이 시는 사랑의 감각, 사랑의 환영, 사랑의 기다림을 통해 우리가 사랑을 어떻게 기억하고 떠나보내는가에 대한 섬세한 내면적 성찰을 보여준다.

주은희 시인의 시적 세계는 언제나 구체적이면서도 미묘한 감정의 결로 독자와 공감대를 형성한다. 「그대인가」는 그중에서도 특히 절제된 표현과 반복되는 의문형을 통해 그리움과 사랑의 정수를 세밀하게 포착해낸다. 사랑하는 사람의 부재를 통해 오히려 그 존재를 더 깊이 체험하게 만드는 이 시는, 우리가 겪어낸 그리움과 그 속의 고요한 떨림을 다시금 떠올리게 한다.

> 보름달도 우는 가
> 허연 달무리
> 하늘강에 빠져
> 뚝뚝뚝
>
> 밤새들도 다 잠들고
> 사랑초도 모두 잎 접었는데
> 부서진 옥토끼
> 찧을 수 없는 절구방아
>
> 구름 달려와 달래 주어도
> 어린 별들 빛 모아 덮어주어도
> 노 저어 닿을 수 없는
> 긴 이별의 강

―「떠나간 사랑」전문

주은희 시인의 「떠나간 사랑」은 이별의 아픔을 환상적 상징의 언어로 풀어낸 섬세한 시편이다. 시인은 현실적인 묘사보다는 감각적 이미지와 우화적인 상상력을 통해 떠나간 사랑의 상흔을 조용히 그러나 깊게 드러낸다. 슬픔은 말로 직접 표현되지 않지만, 달무리, 옥토끼, 절구방아, 하늘강 등의 상징적 요소를 통해 독자의 내면 깊은 곳까지 물

결처럼 파고든다.

"보름달도 우는가 / 허연 달무리 / 하늘강에 빠져 / 뚝뚝 뚝" 시의 첫 연은 마치 동화적 장면을 연상시키며 시작된다. '보름달이 우는가'라는 물음은 단순한 수사 이상의 울림을 준다. 하늘강에 빠진 달이 흘리는 눈물은, 시인이 흘리는 눈물이며, 동시에 이별이라는 감정의 무게를 은유한 이미지이다. '허연 달무리'는 희미하게 번진 슬픔의 기운을 상징하고, '뚝뚝뚝' 떨어지는 눈물은 차마 감정을 말로 설명하지 못한 자의 침묵의 언어다. 이 짧은 네 행은 시 전체의 정서를 압축하고 있다.

"밤새들도 다 잠들고 / 사랑초도 모두 잎 접었는데 / 부서진 옥토끼 / 찧을 수 없는 절구방아" 2연은 한층 더 몽환적이다. 잠든 새들과 잎을 접은 사랑초는 외부 세계가 정지된 깊은 밤의 정적을 나타내며, 이 정적 속에 시인의 내면은 더욱 적막하고 공허하다. 특히 '부서진 옥토끼'와 '찧을 수 없는 절구방아'는 전래동화 속 이미지를 전복시킨 장면으로, 더 이상 사랑을 만들 수 없다는 절망감이 은유적으로 표현된다. 옥토끼는 흔히 순수함과 희망의 상징이지만, 이 시에서는 깨지고 망가져 더 이상 기능하지 못하는 존재로 바뀌며 상실의 깊이를 드러낸다.

"구름 달려와 달래 주어도 / 어린 별들 빛 모아 덮어주어도 / 노 저어 닿을 수 없는 / 긴 이별의 강" 마지막 연은 이별을 한 편의 서사로 승화시킨다. 구름과 별들, 하늘의 위로조차 '긴 이별의 강'을 건널 수는 없다. 이별은 위안으로 치유되지 않는 깊은 상처이며, 그 강은 노를 저어도 건널 수 없는 거리로 설정된다. '이별의 강'은 이 시의 정서적 핵심이자 시인이 처한 감정의 지평을 상징한다. 물리적 거리보다 감정의 간극이 더욱 깊고 넓다는 사실을 이 한 구절이 집약적으로 보여준다.

주은희 시인은 이 시를 통해 인간 내면의 슬픔과 고통을 자연의 이미지와 전래 상징을 빌려 독창적으로 재해석한다. 시적 상상력은 전통적 상징을 새롭게 변형함으로써 새로운 정서의 공간을 창조하며, 독자로 하여금 일상 언어로는 접근하기 힘든 감정의 깊이에 닿게 한다.

「떠나간 사랑」은 단순한 이별의 기록이 아니다. 그것은 시인이 경험한 상실의 슬픔을, 우주적 질서와 자연의 리듬 속에 조용히 스며들게 만든 한 편의 정제된 서정시이다. 눈물 흘리는 달, 잠든 초목, 부서진 전설의 토끼까지 모두가 그 사랑을 위해 침묵하는 밤, 그 가운데 시인은 더 이상 다가갈 수 없는 강 너머를 바라본다.

이 시는 우리 모두의 마음속에 있는 '닿을 수 없는 사랑'에 대한 슬픈 동화이며, 동시에 그리움의 언어가 어떻게 시가 될 수 있는지를 보여주는 빼어난 예다. 시인의 고요하면서도 절절한 언어는 우리 마음 속 오래된 상처를 조용히 쓰다듬는다.

4. 서정시와 은유적 세계관

시에서 은유란 단순한 수사 기법을 넘어서, 주체와 대상 사이의 유사성을 통해 총체적 세계를 구성하려는 미학적 시도이다. 이는 곧, 언어가 사물의 외면을 넘어 내재된 본질, 나아가 초월적인 차원까지 표현할 수 있다는 신념에 기반한 수사학이다.

이러한 관점에서 보면, 시 속의 기호나 이미지는 단지 감각적 표상이 아니라, 정신적이고 형이상학적인 의미를 함축할 수 있는 매개가 된다. 즉, 언어는 물질적 현실에 대한 묘사를 넘어서 보이지 않는 본질과 신성한 차원의 세계까지도 상징할 수 있는 능력을 지니게 되는 것이다.

은유는 이러한 초월적 표현을 가능하게 만드는 핵심적인 장치다. 은유는 두 요소 간의 유사성에 기초해 그 의미를 형성하며, 이 유사성은 물리적 또는 논리적인 연관성을 넘어 감정, 직관, 상상력의 차원에서 작동한다. 따라서 은유는 주체(시인)의 내면과 대상(자연, 사물, 존재)이 하나의 정서적 진동으로 연결되는 교량 역할을 수행한다.

서정시는 이러한 은유적 세계관 위에 세워져 있다. 서정시는 세계를 객관적으로 분리된 실체로 보지 않는다. 오히려 주체와 대상, 자아와 세계는 유사성을 기반으로 긴밀히 연결되어 있으며, 이를 통해 정서적 동일시가 가능해진다. 이 동일시는 단지 감정의 반영을 넘어, 시인의 인식이 대상 속으로 스며들고, 대상은 시인의 내면으로 침투하는 일종의 상호침윤적 경험이다.

따라서 서정시에서 언어는 사실을 전달하는 도구가 아니라 존재의 본질을 환기하고 드러내는 영적인 매개체로 작동한다. 이때의 언어는 기호의 물리적 한계를 뛰어넘어 존재 너머의 세계를 가리키는 지시체로 기능한다. 시인은 현실을 묘사하는 자가 아니라 언어를 통해 보이지 않는 세계를 가시화하는 창조자이다.

결국 서정시의 본질은 이러한 은유의 수사학 위에 세워진 정서적 동일화의 미학이라 할 수 있다. 시인은 세계를 해석하는 이성이 아니라 세계와 일체가 되어 그것을 몸으로 느끼고 영혼으로 통역해내는 존재이다. 이때 시에서의 은유는 단지 미적인 장식이 아니라 존재에 대한 근원적인 사유이며 세계에 대한 깊은 사랑의 방식이다. 「눈」이라는 시를 한번 음미해보자.

저 하늘에선 하얀 눈
내게로 오면
비가 되는 건

그대 눈물인 거죠?
하얗게 그냥 오지
왜 울어요?

우리의 빨간 키스
빨간 물이
하얀 눈에 뚝뚝 덩이로 붉어
그것이 추억이라면
울어보아요
그게 슬픔이라면
울어도 됩니다

아니
그리움이라면
진정 그게 그리움이라면
눈물 흘리지 말아요
지워질지 몰라

더 새빨갛게
그냥 그리워해요
우리
눈처럼 얼어
그리워해요.

―「눈」 전문

 주은희 시인의 시 「눈」을 읽다 보면, 시 전반에 짙은 그리움이 깔려 있음을 느낄 수 있다. "저 하늘에선 하얀 눈/내게로 오면/비가 되는 건/그대 눈물인 거죠?/하얗게 그냥 오지/왜 울어요?" 구절에서 알 수 있듯, 시 속에 등장하는 자연물들은 단순히 환유적 인접성에 따라 나열된 것이 아니다. 이들은 시인의 자아와 세계를 연결하는 구체적 이미지로 기능한다.

하늘에서 내리는 눈이 시인에게 도달하면 비로 변한다는 발상은, 사랑이 눈처럼 다가올 땐 기쁨이지만, 곁에 없는 그대를 떠올리는 순간 눈이 눈물로 변해버린다는 시적 자아의 감수성을 보여준다. "그대 눈물인 거죠?"라는 반문은, 그 눈물이 다름 아닌 사랑하는 이의 눈물이라는 확신을 암시한다. 이는 시인의 예민한 감수성이 곧바로 반응한 결과이며, 그만큼 시인과 사랑은 눈빛 하나만으로도 슬픔을 읽어내는 관계라는 점을 드러낸다. 하늘에서 내리는 눈을 곧바로 그대의 눈물로 전환시키는 이 도치적 발상은, 바로 은유의 아름다움이다. 그렇게 전환된 눈물은 시인에게 곧바로 '서러움'으로 변한다.

이처럼 시는 자아의 이미지가 전체를 관통하며, 자아와 세계가 하나의 정서로 결합되는 구조를 갖는다. 이는 동일성의 세계로, 자아와 세계 사이의 경계를 허물고 서로가 교감할 수 있는 차원으로 이끈다.

"우리의 **빨간** 키스/**빨간** 물이/하얀 눈에 뚝뚝 덩이로 붉어/그것이 추억이라면/울어보아요/그게 슬픔이라면 울어도 됩니다"라는 구절에서도, 빨간 키스 자국이 하얀 눈 위에 붉은 덩이로 남을 때, 그것은 곧 그들 사랑의 추억이었다. 그 순간만큼은 울어도 괜찮다고 말하며, 시인은 감정의 허용과 위로를 전한다. 이 표현은 사랑하는 이들만이 공유할 수 있는 깊은 정서에서 비롯된 것이다.

김소월의 「진달래꽃」에서 "나 보기가 역겨워 가실 때에는 죽어도 아니 눈물 흘리우리다"라고 다짐하는 단호한 태도와 달리, 주은희 시인의 시에서는 사랑이 추억이고 그것이 슬픔이라면 울어도 된다는 여유와 수용의 정서가 드러난다. 이처럼 시인은 눈물을 흘려도 된다는 역설적인 위안을 건네며, 아린 마음을 스스로 삭이면서도 담담히 감정을 표현하는 방식을 택한다. 이는 주은희 시인만의 독창적인 유추와 섬세한 감성, 그리고 사랑에 대한 깊은 사유가 빚어낸 '사랑의 정석'이라 할 수 있다.

이 시를 통해 독자 또한 자신이 겪은 사랑을 되돌아보며, 가감 없이 자신만의 사랑의 공식을 그려본다면 더욱 뜻깊을 것이다. 곧 발행될 『사랑 II의 정석』 역시 기대해 볼 만하며 놀랍도록 부지런한 정진을 이어가는 주은희 시인에게 아낌없는 박수를 보낸다.

이든시인선 158

사랑 I 의 정석

ⓒ주은희, 2025

발행일	2025년 6월 12일
지은이	주은희
발행인	이영옥
펴 낸 곳	도서출판 이든북
출판등록	제2001-000003호
주　　소	대전광역시 동구 중앙로 193번길 73
전화번호	(042)222-2536 ｜ 팩스(042)222-2530
전자우편	eden-book@daum.net
카　페	https://cafe.daum.net/eden-book
공 급 처	한국출판협동조합
	전화 (02)716-5616　(031)944-8234~6

ISBN 979-11-6701-351-4 (03810)
값 11,000원

* 이 책의 판권은 지은이와 이든북에 있습니다.
* 이 책 내용의 전부 또는 일부를 재사용하려면 반드시
　양측에 서면 동의를 받아야 합니다.